Abenteuer der Jedi
Spannende Geschichten

THE CLONE WARS

Abenteuer der Jedi
Spannende Geschichten

DORLING KINDERSLEY
London, New York, Melbourne, München und Delhi

Für Dorling Kindersley:
Lektorat Heather Jones
Bildredaktion Ron Stobbart
Cheflektorat Catherine Saunders
Projektleitung Simon Beecroft
Programmleitung Alex Allan
Herstellung Kavita Varma, Nick Seston

Für Lucasfilm:
Chefredaktion Jonathan W. Rinzler
Art Director Troy Alders
Hüter des Holocrons Leland Chee
Programmleitung Carol Roeder

Für die deutsche Ausgabe:
Programmleitung Monika Schlitzer
Projektbetreuung Jenny Kühne
Herstellungsleitung Dorothee Whittaker
Herstellung Anna Ponton

Bibliografische Information der Deutschen Bibliothek
Die Deutsche Bibliothek verzeichnet diese Publikation in der Deutschen Nationalbibliografie; detaillierte bibliografische Daten sind im Internet über http://dnb.ddb.de abrufbar.

Titel der englischen Originalausgaben:
*Stand Aside – Bounty Hunters! (2010),
Jedi in Training (2009), Anakin in Action! (2008),
Forces of Darkness (2009), Yoda in Action! (2009)*

Copyright © 2013 Lucasfilm Ltd. and TM.
All rights reserved. Used under authorization.

Gestaltung © Dorling Kindersley Limited, London
Ein Unternehmen der Penguin-Gruppe

© der deutschsprachigen Ausgabe by
Dorling Kindersley Verlag GmbH, München, 2013
Alle deutschsprachigen Rechte vorbehalten

Redaktion Marc Winter

ISBN 978-3-8310-2359-2

Printed and bound in China

Besuchen Sie uns im Internet
www.dorlingkindersley.de

Inhalt

Kopfgeldjäger greifen an! 7
Die Jedi-Schülerin 37
Anakin im Einsatz 67
Figuren der dunklen Seite 97
Yoda in Aktion 143

THE CLONE WARS

KOPFGELDJÄGER GREIFEN AN!

von Simon Beecroft

Cad Bane ist ein gefürchteter Kopfgeldjäger. In der ganzen Galaxis kennt man seinen Namen. Er stiehlt wertvolle Sachen. Manchmal nimmt er Gefangene. Cad Bane verbreitet Furcht und Schrecken.

Kopfgeldjäger

Kopfgeldjäger jagen Leute, die gesucht werden. Wenn sie den Gesuchten abliefern, bekommen sie eine Belohnung.

Oft sprengt er Sachen in die Luft.
Er geht keinem Kampf aus dem Weg.

Cad Bane ist bewaffnet und gefährlich. Er hat immer zwei Blasterpistolen bei sich. An seinen Wangen sind Atemschläuche befestigt.

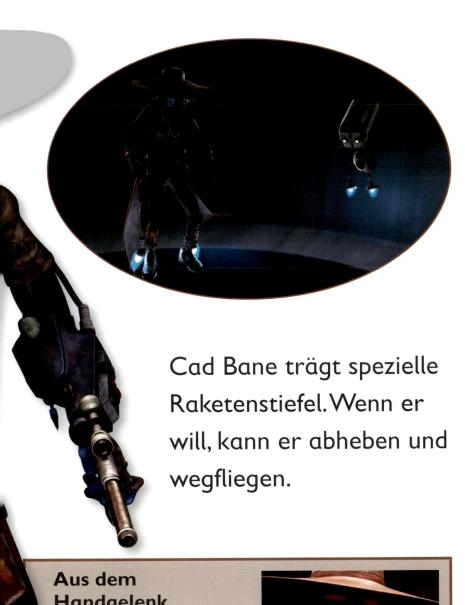

Cad Bane trägt spezielle Raketenstiefel. Wenn er will, kann er abheben und wegfliegen.

Aus dem Handgelenk
Cad Bane trägt am Unterarm Seilwerfer, Funkgeräte und Betäubungswaffen.

Cad Bane arbeitet meistens allein. Doch für einen großen Auftrag muss er sich mit anderen Kopfgeldjägern zusammenschließen.

Einmal plante Bane einen Überfall auf das Senatsgebäude auf Coruscant. Er stellte eine Mannschaft aus sehr erfahrenen Leuten zusammen. Lernen wir sie kennen!

Aurra Sing ist eine geheimnisvolle Kopfgeldjägerin. Ihre Haut ist bleich und ihre Augen sind dunkel und bedrohlich. Sie hat zwei Pistolen und ein Gewehr bei sich.

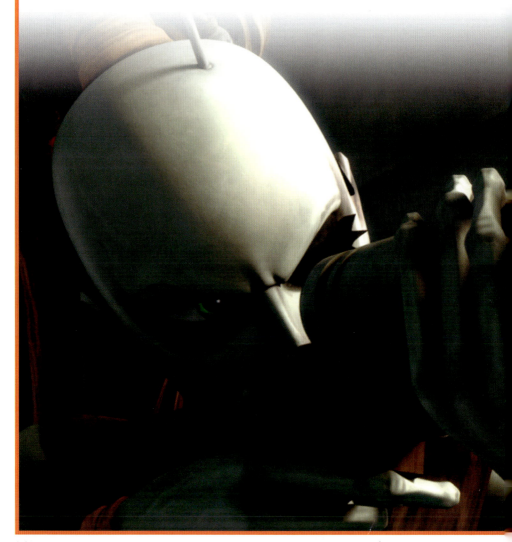

Während Cad Bane den Senat angreift, versteckt sich Aurra Sing in der Nähe. Sie schießt auf die Senatswachen. Die anderen Kopfgeldjäger verlassen sich auf sie.

Aurras Frisur
Ihr Kopf ist ganz kahl, bis auf einen langen, rotbraunen Pferdeschwanz.

Banes Mannschaft besteht aus gefürchteten Kopfgeldjägern.

Guter Schütze
Alama hat raue, faltige Haut. Er zieht seinen Blaster sehr schnell und zielt genau.

Shahan Alama ist ein
Weequay. Das sind Aliens
vom Wüstenplaneten Sriluur.

Robonino gehört ebenfalls zu Cad Banes Mannschaft. Er sieht ein bisschen aus wie ein Fisch. In seinem Rucksack sind wichtige Werkzeuge.

Ausrüstung
Robonino hat spezielle Geräte dabei, mit denen er elektronische Systeme zerstören und Explosionen auslösen kann.

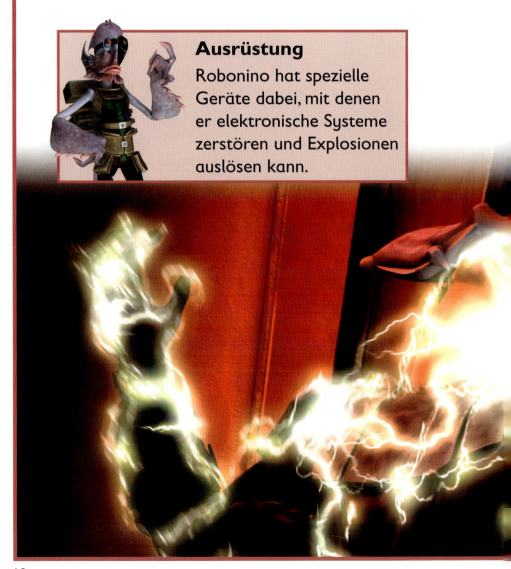

Robonino soll im Senat den Strom abschalten, damit keiner das Gebäude betreten oder verlassen kann. Anakin versucht ihn aufzuhalten, aber Robonino versetzt ihm einen elektrischen Schlag.

Diese zwei bösen Droiden stammen aus der BX-Serie. Sie sind intelligent und sehr brutal.

Senatswachen
Die Wachen beschützen die Personen im Senat. Sie tragen blaue Rüstungen.

Die beiden Droiden verkleiden sich als Wachen des Senats. Sie beschützen Cad Bane.

Diese zwei sehr gefährlichen IG-86-Wächterdroiden machen die Mannschaft komplett. Der erste Wächterdroide durchsucht das Gebäude, um Anakin Skywalker zu finden.

Doch gegen einen schlauen
Jedi-Ritter wie Anakin kann
selbst ein gut ausgerüsteter
Wächterdroide nicht gewinnen.

Cad Bane hält mehrere Senatoren gefangen. Er will sie wieder freilassen, wenn ihm ein bestimmter Gefangener ausgeliefert wird.

Ziro der Hutt
Ziro ist ein Verbrecher. Er hat bei einer Entführung geholfen und sitzt nun im Gefängnis.

Der zweite Wächterdroide soll den Gefangenen abholen. Der Gefangene des Senats, den Cad Bane mitnehmen will, ist Ziro der Hutt.

Cad Bane liebt schwierige Missionen. Darth Sidious gibt ihm den Auftrag, in den Jedi-Tempel einzubrechen. Bane weiß, dass das nicht einfach sein wird. Er übernimmt den Auftrag, aber er verlangt dafür eine teure Belohnung – und ein neues Raumschiff!

Jedi-Tempel

Der Jedi-Tempel ist das Hauptquartier der Jedi-Ritter. Hier trifft sich der Jedi-Rat und hier werden die jungen Jedi ausgebildet.

Cato Parasitti soll Cad Bane auf seiner Mission helfen. Sie ist eine Alien-Frau, die ihre Gestalt ändern kann. Cato tarnt sich selbst als Jedi. So kann sie in den Tempel gehen und die Sicherheitssysteme abschalten.

Doch Ahsoka durchschaut das falsche Spiel. Sie erkennt Cato und hält sie auf. Im Kampf wird Catos Körper wieder normal.

Cato Parasitti
Cato kann ihr Aussehen ändern, sodass sie wie jemand anderes aussieht.

Bane verwendet einen Wartungsdroiden, der Todo 360 genannt wird. Bane fliegt mit ihm auf das Dach des Jedi-Tempels. Todo 360 schneidet ein Loch in eine Wand.

Bane hat in Todo 360
eine Bombe versteckt. Sie
explodiert und Bane kann
unbemerkt entkommen.

Cad Bane ist ein geschickter Kämpfer. Als Anakin und Ahsoka ihm an Bord eines Raumschiffs gegenüberstehen, schaltet er die künstliche Schwerkraft

aus. Plötzlich heben Anakin und Ahsoka ab! Sie müssen Banes Blasterschüsse abwehren, während sie umherschweben.

Ahsoka packt Cad Banes Arm und wirft ihn zu Boden. Doch Bane ist gewappnet. An seinen Unterarmen trägt er verborgene Waffen. Er trifft Ahsoka mit einem Energiestoß.

Wieder einmal kann Cad Bane entkommen. Keiner weiß, wo er das nächste Mal wieder auftauchen wird!

Clone Wars-Quiz

1. Wie heißt dieser gefürchtete Kopfgeldjäger?

2. Kennst du diese Kopfgeldjägerin?

3. Wer beschützt den Senat?

4. Wer ist Ziro der Hutt?

5. Wer hilft Cad Bane auf seiner Mission?

6. Wer versucht, Cad Bane aufzuhalten?

Lösungen: 1. Cad Bane, 2. Aurra Sing, 3. Die Senatswachen, 4. Ein Verbrecher, 5. Cato Parasitti, 6. Ahsoka

THE CLONE WARS

DIE JEDI-SCHÜLERIN

von Heather Scott

Ahsoka will eine Jedi-Ritterin werden. Schon viele Jahre hat sie die Kampfkünste und die Regeln der Jedi im Jedi-Tempel erlernt. Nun ist sie die Schülerin des jungen Jedi-Ritters Anakin Skywalker, der ihr alles beibringt, was sie noch wissen muss.

Anakin geht manchmal auf gefährliche Missionen. Ahsoka ist mutig und schlau, doch sie muss noch viel lernen.

Padawan
Junge Jedi, die noch in der Ausbildung sind, nennt man Padawan.

Anakin ist nicht glücklich darüber, eine Schülerin zu haben. Doch auf ihrer ersten gemeinsamen Mission

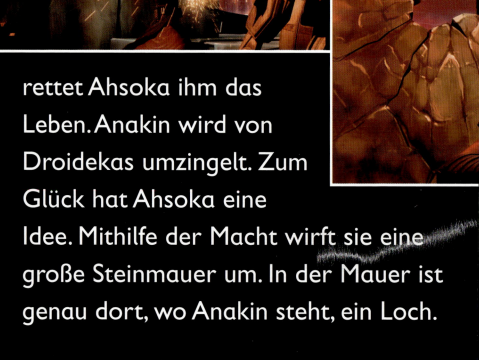

rettet Ahsoka ihm das Leben. Anakin wird von Droidekas umzingelt. Zum Glück hat Ahsoka eine Idee. Mithilfe der Macht wirft sie eine große Steinmauer um. In der Mauer ist genau dort, wo Anakin steht, ein Loch.

Die Droiden werden zerquetscht und Anakin ist gerettet!

Auf ihrer nächsten Mission müssen Anakin und Ahsoka den Sohn von Jabba dem Hutt retten. Er heißt Rotta und

wurde entführt. Ahsoka und Anakin finden ihn in einer Festung. Doch Rotta ist krank und braucht Medizin.

Die Hutts
Jabba der Hutt ist ein geldgieriger, skrupelloser Verbrecher. Er kommt den Jedi immer wieder in die Quere.

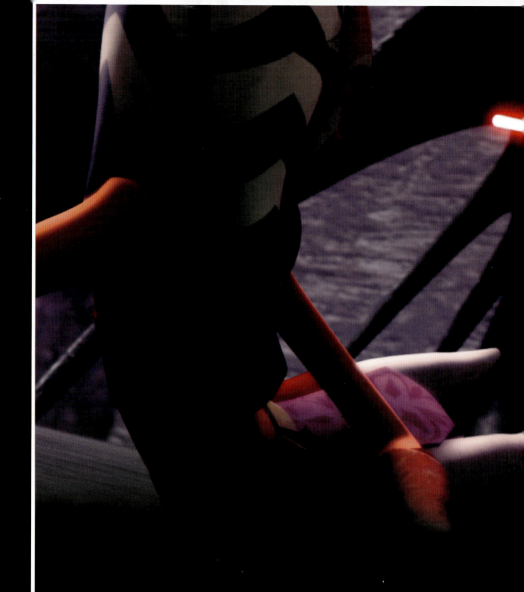

Plötzlich taucht Asajj Ventress in der Festung auf. Sie ist eine Feindin der Jedi. Ahsoka muss schnell flüchten.

Asajj Ventress

Ventress arbeitet für die Separatisten, die Feinde der Republik. Sie kämpft gegen die Jedi.

Sie verteidigt sich gegen Ventress. Zum Glück kommt Anakin, um sie und Rotta zu retten.

Ahsoka und Anakin bringen Rotta auf seinen Planeten zurück. Ahsoka hat Rotta Medizin gegeben und es geht ihm schon besser. Jabba freut sich, seinen Sohn wohlbehalten wiederzusehen. Er dankt Ahsoka und Anakin für ihre Hilfe.

Ahsoka und Anakin erfahren, dass der Jedi Plo Koon in Schwierigkeiten steckt. Feinde haben ihn angegriffen und er muss sich gegen Kampfdroiden wehren. Der Jedi-Rat sagt Anakin und Ahsoka,

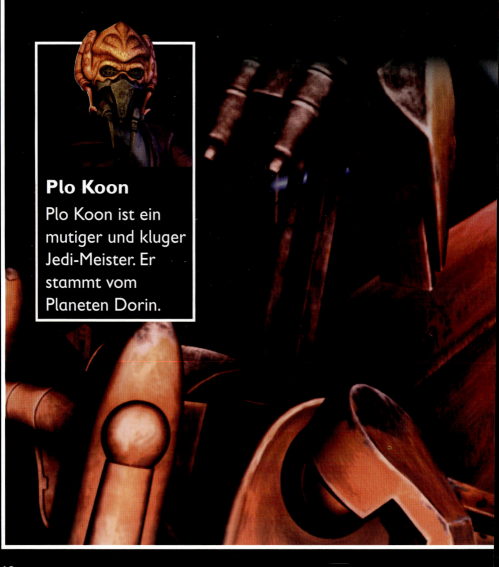

Plo Koon
Plo Koon ist ein mutiger und kluger Jedi-Meister. Er stammt vom Planeten Dorin.

dass sie nicht auf diese gefährliche Mission gehen dürfen. Doch Ahsoka spürt, dass sie etwas unternehmen muss.

Ahsoka und Anakin hören nicht auf den Jedi-Rat und fliegen los, um Plo Koon zu finden. Sie kommen gerade noch rechtzeitig. Plo Koon ist gerettet!

Ahsoka freut sich, ihren alten Freund wiederzusehen. Sie ist froh, dass sie sich auf ihren Jedi-Instinkt verlassen hat.

Jedi-Instinkt
Jedi-Ritter spüren, wenn es jemandem schlecht geht oder ob jemand in Gefahr ist. Dabei hilft ihnen die Macht.

Ahsoka und Anakin haben ihre Mission noch nicht beendet. Sie müssen das Raumschiff *Malevolence* zerstören, das Plo Koon angegriffen hat. Anakin hat einen riskanten Plan.

Y-Flügler
Y-Flügel-Jäger sind schnelle Raumschiffe der Republik.

Malevolence
Ein Schiff der Separatisten mit einer Geheimwaffe.

Anakins Mannschaft greift mit ihren Y-Flüglern die Brücke der *Malevolence* an, doch sie werden abgewehrt. Ahsoka schlägt vor, die Geheimwaffe der *Malevolence* anzugreifen. Es klappt!

Anakins Droide R2-D2 geht bei einem Weltraumkampf verloren. Anakin bekommt einen neuen Droiden, R3-S6. Ahsoka meint, R3-Droiden seien besser als R2-Droiden.

R2-D2
R2-D2 ist ein Astromechdroide. Er hilft Anakin, sein Raumschiff zu fliegen, und repariert es.

Aber Anakin vermisst R2-D2 und will ihn suchen. Dazu müssen sie auf einen feindlichen Stützpunkt, denn Anakin glaubt, dass R2-D2 dort ist. R2-D2 hat wichtige Informationen, die nicht in die Hände der Feinde fallen dürfen.

Als Anakin und Ahsoka auf der feindlichen Basis ankommen, werden sie von General Grievous angegriffen. Ahsoka kämpft mit ihrem Lichtschwert gegen ihn, doch er ist stärker. Sie muss sich verstecken.

Anakin und Ahsoka entdecken, dass der neue Droide R3-S6 heimlich für General Grievous arbeitet! Zum Glück finden sie R2-D2 und können von dem feindlichen Stützpunkt fliehen.

Ahsoka geht mit der Jedi-Meisterin Luminara Unduli auf eine Mission. Sie sollen einen Gefangenen vor Gericht bringen. Der Gefangene heißt Nute Gunray. Er kennt viele Geheimnisse der Feinde.

Ahsoka bedroht Nute Gunray mit ihrem Lichtschwert, damit er seine Geheimnisse verrät. Doch Luminara befiehlt ihr aufzuhören. Ahsoka ist enttäuscht. Sie will nicht gehorchen.

Asajj Ventress und die Droidenarmee greifen das Schiff der Jedi an.

Ventress will Nute Gunray befreien. Während Luminara gegen die Droiden kämpft, sucht Ventress nach Gunray und befreit ihn aus seiner Zelle.

Ventress wirft Ahsoka in die leere Zelle. Gunray freut sich, dass Ahsoka nun gefangen ist. Doch Luminaras Jedi-Instinkt sagt ihr, dass Ahsoka in Gefahr ist. Sie eilt zu den Zellen.

Als Luminara auftaucht, flüchtet Ventress, ohne Nute Gunray mitzunehmen. Luminara befreit Ahsoka aus der Zelle und sperrt Gunray wieder ein. Sie befiehlt Ahsoka, den Gefangenen streng zu bewachen, während sie Ventress verfolgt.

Ahsoka hört wieder nicht auf Luminara. Sie verlässt ihren Posten und eilt zu ihr. Zum Glück, denn Luminara ist in großer Gefahr! Gemeinsam kämpfen sie gegen Ventress. Doch sie können Ventress nicht aufhalten und diese kann mit Gunray fliehen. Luminara dankt Ahsoka.

Ahsoka hat schon viel gelernt. Sie weiß nun, dass sie ihrem Jedi-Instinkt vertrauen muss, dass Feinde der Jedi gefährlich sind und man sie nicht alleine besiegen kann.

Jetzt ist ihr klar, dass sie mit anderen Jedi zusammenarbeiten muss, um etwas zu erreichen. Bestimmt wird sie eine gute Jedi-Ritterin werden!

Ahsoka hat bei ihren Abenteuern viele Freunde gefunden, aber sie ist auch Feinden begegnet.

Ahsokas Freunde:

Ahsokas Feinde:

THE CLONE WARS

ANAKIN IM EINSATZ

von Simon Beecroft

Kanonenboote fliegen über den Himmel. An Bord sind Soldaten und Jedi-Generäle. Die Kanonenboote sind schnell unterwegs, denn sie sind auf einer gefährlichen Mission.

Kanonenboot

Diese Schiffe bringen Soldaten zu einem Einsatz.

An Bord der Kanonenboote
sind sehr wichtige Personen.
Einer von ihnen ist der
Jedi-Ritter Anakin.
Er trägt ein Gewand
mit einer Kapuze.

Jedi-Ritter
Jedi-Ritter sind sehr mutig.
Sie haben besondere Kräfte.

Neben Anakin steht ein Soldat. Er heißt Captain Rex. Er trägt einen Spezialhelm. Eine Rüstung schützt seinen Körper.

Eine Jedi-Schülerin ist auch an Bord des Kanonenboots. Sie heißt Ahsoka. Ahsoka muss noch lernen, ihre besonderen Jedi-Kräfte einzusetzen. Anakin bringt ihr alles bei, was sie wissen muss.

Ahsoka hat rote Haut mit weißen Mustern. Sie hat lange Kopftentakel.

Jedi-Alien
Ahsoka ist kein Mensch, sondern ein Alien. Alle Aliens ihrer Spezies haben Kopftentakel.

Anakin, Ahsoka und die Klonsoldaten landen in der Nähe einer großen Burg.

Sie wollen ein Wesen retten, das Rotta heißt. Rotta ist in der Burg gefangen.

Anakin hält sein Lichtschwert bereit.

Klonsoldaten
Klone sind Menschen, die alle gleich aussehen und sich ähnlich verhalten.

Feindliche Droiden stehen oben auf
der Burgmauer. Sie haben Anakin und
die anderen gesehen.

Spinnendroiden haben rote Augen
und vier mechanische Beine.
Sie schießen wild mit ihren
großen Kanonen auf
die Ankömmlinge.

Kampfdroiden fangen auch an zu schießen. Pass auf, Anakin!

Droidensoldaten
Kampfdroiden sind keine Menschen, sondern Maschinen.

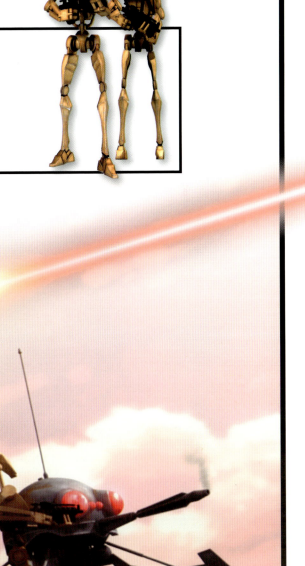

Anakin, Ahsoka und die Klonsoldaten erreichen die Burgmauern. Sie sind so hoch, dass sie das obere Ende fast nicht sehen können. Captain Rex schießt Seile aus seinem Blaster. Sie verhaken sich oben an der Mauer.

Die Jedi und die Soldaten halten sich an den Seilen fest und klettern nach oben. Anakin geht als Erster. Danach kommt Ahsoka. Auch Klonsoldaten in großen Panzern klettern die Wand hinauf.

Klonpanzer
Diese großen Panzer haben 6 kräftige Beine, mit denen sie auch Wände hochklettern können.

Anakin hat schon fast den Rand der Mauer erreicht. Plötzlich greifen ihn Kampfdroiden auf STAPs an. Anakin reagiert schnell.

Als eine der Maschinen vorbeifliegt, springt er darauf.

STAPs
Diese fliegenden Maschinen heißen STAPs. Vorne sind Blasterkanonen angebracht.

Anakin wirft den Droiden von der Maschine. Jetzt attackiert er die anderen Droiden.

Nach harten Kämpfen kommen Anakin und Ahsoka oben auf der Mauer an. Sie gehen in die Burg. Dort ist es kalt und dunkel.

Hutt-Baby
Rotta ist ein Wesen, das man Hutt nennt. Ahsoka trägt ihn in einem Rucksack.

Anakin und Ahsoka schleichen durch die unheimlichen Gänge. Bald finden sie Rotta. Er ist noch ein Baby. Sie müssen ihn schnell retten und die Burg verlassen.

Zu spät! Die Droiden versperren den Ausgang. Jemand ist bei ihnen. Diese Person sieht gefährlich aus. Sie hat ein Lichtschwert mit einer roten Klinge.

Ihr Name ist Ventress. Sie hat besondere Kräfte wie ein Jedi. Anakin, Ahsoka und Captain Rex rennen zurück in die Burg und verschließen die Tür.

Ventress bricht die Tür auf und sucht nach Anakin und Ahsoka.

In einem dunklen Raum findet Ventress die beiden. Anakin kann nicht fliehen. Er zieht sein blaues Lichtschwert. Ventress und Anakin kämpfen mit ihren Lichtschwertern gegeneinander.

Jedi-Feindin
Ventress hat ein Lichtschwert wie die Jedi. Aber sie ist keine Jedi. Sie ist eine Feindin der Jedi.

Ahsoka kümmert sich um Rotta. Sie trägt ihn auf ihrem Rücken. Aber sie sieht, dass Anakin ihre Hilfe braucht.

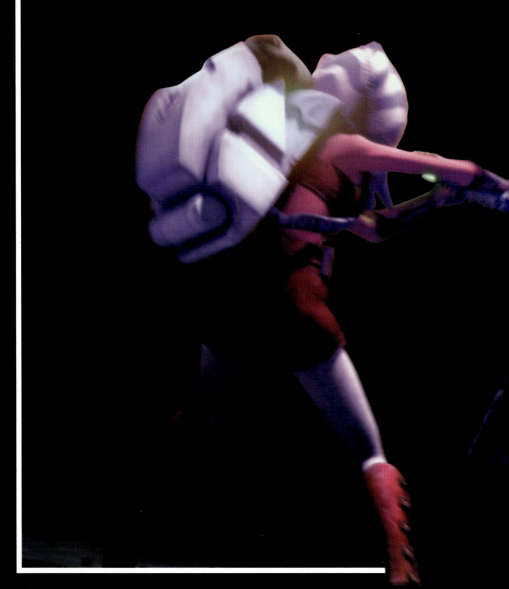

Ahsoka mischt sich in den Kampf ein.
Ventress knurrt und greift Ahsoka an.
Jetzt kämpfen alle drei miteinander!

Ahsoka versucht, einen Weg aus dem dunklen Raum zu finden. Sie öffnet ein schweres Tor. Das war ein Fehler!

Eine riesige, monströse Gestalt tritt aus dem Schatten. Es ist ein Rancor-Monster!

Der Rancor hat scharfe Zähne und Klauen.
Er brüllt und greift an!

Rancor
Rancoren sind gefährliche Monster. Sie haben große Köpfe und scharfe Klauen und Zähne.

Anakin und Ventress springen auf den Rücken des Rancors. Dort kämpfen sie weiter. Der Rancor ist verwirrt. Er kann Anakin und Ventress nicht mehr sehen.

Dann entdeckt der Rancor Ahsoka und Rotta.

Er geht auf sie zu. Anakin und Ventress kämpfen noch auf seinem Rücken. Ahsoka sticht dem Rancor in den Fuß.

Er heult vor Schmerz auf und fällt direkt auf Ventress. Platsch!

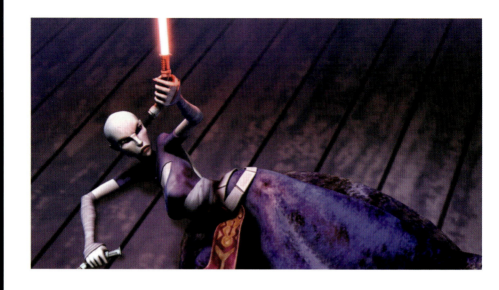

Anakin und Ahsoka glauben, dass der Rancor Ventress zerquetscht hat. Sie fliehen mit Rotta aus der Festung.

Aber als sie gegangen sind, hört man ein Geräusch: Bzzzzz!

Es ist ein Lichtschwert, das aktiviert wird. Ventress lebt doch noch!

Anakin lobt Ahsoka. Er sagt, dass sie heute eine tolle Jedi war. Ein Kanonenboot holt sie ab. Los geht's in ein neues Abenteuer!

Clone Wars-Wissen

Anakin Skywalker hat ein Lichtschwert mit einer blauen Klinge.

Ahsokas Lichtschwert hat eine grüne Klinge.

Die Lichtschwerter von Ventress haben rote Klingen.

Captain Rex begleitet Anakin auf seine Missionen.

Rotta hat dicke, ölige Haut und orange Augen.

THE CLONE WARS

FIGUREN DER DUNKLEN SEITE

von Heather Scott

Dunkle Mächte

Die Galaxis ist kein sicherer Ort mehr. Mächtige Herrscher führen Krieg. Sie nennen sich Separatisten und wollen sich von der Republik loslösen.

Mit riesigen Raumschiffen greifen sie Planeten an. Doch es sind noch viel bösere Kräfte am Werk. Hinter den Separatisten steckt eine dunkle Macht, die die Galaxis beherrschen will.

Raumschiffe der Separatisten

Viele mächtige Organisationen wie der Bankenclan und die Handelsföderation unterstützen die Separatisten. Ihre Raumschiffe dienen als Angriffsflotte.

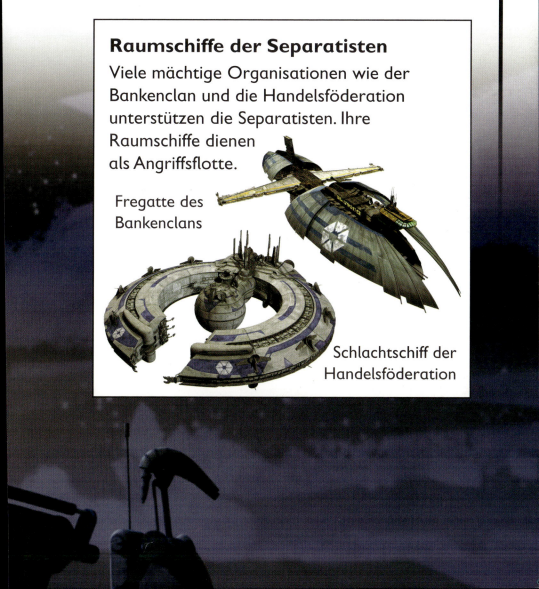

Fregatte des Bankenclans

Schlachtschiff der Handelsföderation

Darth Sidious

Nur sehr wenige wissen, wer der Sith-Lord Darth Sidious ist. Für die meisten ist er der Oberste Kanzler Palpatine, der Anführer der Republik. Er gibt vor, der Republik zu dienen, doch in Wahrheit will er sie zerstören. Die Separatisten und ihre Armee nutzt er für seine eigenen Zwecke.

Kanzler Palpatine

Finsterer Sith-Anführer
Sidious bleibt im Verborgenen. Er gibt seinen Verbündeten, wie zum Beispiel Count Dooku, Anweisungen.

Darth Sidious

Count Dooku

Count Dooku ist der Anführer der Separatisten. Er beherrscht die Macht und ist ein guter Lichtschwert-Kämpfer.

Yoda
Yoda ist ein ehrwürdiger Jedi-Meister. Er unterrichtet den Jedi-Nachwuchs.

Dooku war einst ein Jedi-Ritter. Meister Yoda war einer seiner Lehrer. Doch Darth Sidious verführte ihn zur dunklen Seite. Count Dooku ist voller Pläne, wie er die Jedi überlisten kann.

General Grievous

Darth Sidious und Count Dooku haben sich mit einigen finsteren Figuren verbündet. General Grievous führt die riesige Droidenarmee an. Er beherrscht nicht die Macht, hat aber den Kampf mit dem Lichtschwert gelernt. Grievous kann seine Arme teilen und mit vier Lichtschwertern gleichzeitig kämpfen.

Jedi-Meister Kit Fisto kämpft gegen Grievous.

Grievous hasst die Jedi – wenn er einen von ihnen besiegt, behält er sein Lichtschwert als Trophäe.

Die *Malevolence*

General Grievous reist in einem riesigen Raumschiff namens *Malevolence*. Die *Malevolence* besitzt eine gefährliche Spezialwaffe, die alle Energiesysteme auf feindlichen Schiffen lahmlegt. Dann können sie sich nicht mehr verteidigen.

Kriegsschiff der Separatisten
Die *Malevolence* ist eines der besten Schiffe der Separatisten.

Brücke

Ionenkanone

Die *Malevolence* trifft das Schiff des Jedi-Meisters Plo Koon mit ihrer Waffe.

Die Geheimwaffe ist eine Ionenkanone.

General Grievous glaubt, dass seine Geheimwaffe den Krieg entscheiden wird.

Droidenarmee

Die Armee der Separatisten umfasst Kampfdroiden, Droidekas, Geierdroiden und viele mehr. Kampfdroiden gehorchen nur einfachen Befehlen, doch sie sind bewaffnet und gefährlich. Superkampfdroiden haben mehr Panzerung und große Blaster.

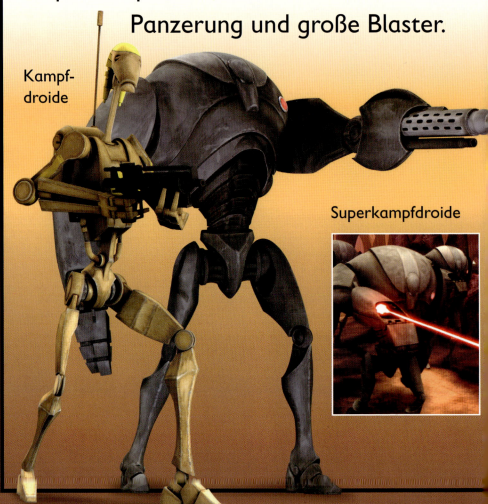

Kampf-droide

Superkampfdroide

Geierdroiden sind fliegende Droiden. Sie sehen im Flug wie Raumschiffe aus, doch wenn sie ihre Flügel nach unten klappen, können sie auch marschieren.

Geierdroide

Droidekas

Droidekas rollen an ihren Einsatzort, dann klappen sie sich auf und feuern auf ihr Ziel.

Raketenkampfdroiden

Diese speziellen Kampfdroiden können auch im Weltall fliegen. Sie haben ein Jetpack auf dem Rücken und einen Scheinwerfer auf dem Kopf.

Plo Koon erwartet die Raketenkampfdroiden.

Nachdem Plo Koons Schiff zerstört wird, werden die Überlebenden von Raketenkampfdroiden verfolgt. Doch Plo Koon erwartet sie schon. Mit seinem Lichtschwert besiegt er sie.

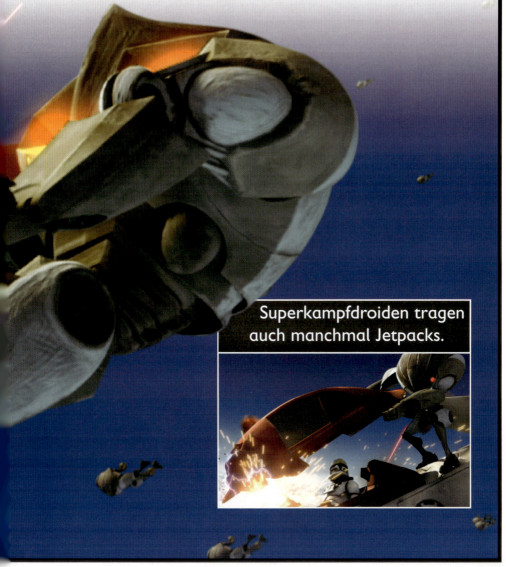

Superkampfdroiden tragen auch manchmal Jetpacks.

Asajj Ventress

Count Dooku schickt Ventress auf gefährliche Missionen. Sie ist eine kaltblütige Kämpferin. Ventress kämpft mit einem Doppellichtschwert, das sie auch in zwei Lichtschwerter aufteilen kann.

Ventress ist Dookus geheime Sith-Schülerin.

Sie ist sehr sportlich und bewegt sich sehr schnell. Wenn sie einen Auftrag von Count Dooku ausführt, kann nichts und niemand sie aufhalten.

MagnaWächter

Die MagnaWächter dienen als Leibwächter für General Grievous. Diese speziellen Kampfdroiden sind mit Elektrostäben ausgerüstet, die tödliche Energiemengen freisetzen. Sie sind gut trainiert und darauf programmiert, Grievous zu beschützen. General Grievous setzt sie ein, weil sie intelligenter und mächtiger sind als normale Kampfdroiden. Manchmal beschützen sie auch Count Dooku.

MagnaWächter haben rot glühende Augen.

Kommandodroiden

Diese speziellen Kampfdroiden werden Kommandodroiden genannt. Sie sind schneller, intelligenter und draufgängerischer als ihre einfachen Kollegen. Eine Einheit von Kommandodroiden greift eine Station der Republik auf Rishi an.

Sie verstellen ihre Stimme und verkleiden sich, sodass sie wie Klonsoldaten aussehen.

Rishi-Mond

Die Station auf Rishi wirkt einsam und verloren. Sie ist strategisch wichtig, da sie an der Grenze des Gebiets der Republik liegt.

Spione und Verräter

Die Separatisten setzen Spione und Doppelagenten ein. Als R2-D2 im Kampf verloren geht, bekommt Anakin den Astromechdroiden R3-S6 als Ersatz. Doch er weiß nicht, dass General Grievous R3-S6 programmiert hat, um ihn auszuspionieren und zu sabotieren.

Zum Glück stellt sich R2-D2 dem Spion in den Weg – und besiegt ihn in einem spektakulären Droidenkampf!

Goldene Kuppel
R3-S6 hatte eigentlich eine durchsichtige Kuppel, doch sie wurde später durch eine goldene R2-Kuppel ersetzt.

Gha Nachkt

Diese üble Gestalt ist Gha Nachkt. Wenn eine Weltraum-Schlacht vorbei ist, dann sucht er in den Trümmern nach wertvollen Raumschiffteilen, die er verkaufen kann.

Einmal findet er dort R2-D2. Gha meldet seinen Fund General Grievous. R2-D2 hat viele wichtige Informationen gespeichert. Gha verlangt für den kleinen Droiden viel Geld von Grievous. Doch der General will nicht bezahlen – und Gha muss dran glauben.

Attentäterdroiden

Diese bösen Droiden werden programmiert, eine Person zu suchen und zur Strecke zu bringen. R3-S6 aktiviert zwei dieser Droiden, während Anakin und Ahsoka unterwegs sind, um R2-D2 zu retten.

Anakin und Ahsoka kämpfen Seite an Seite gegen die Attentäterdroiden.

Anakin und Ahsoka müssen alles geben, um die beiden Droiden zu besiegen. Ein weiterer Droide jagt R2-D2. Doch R2-D2 sperrt ihn in eine Luftschleuse und schießt ihn ins Weltall.

Cad Bane

Cad Bane ist ein berüchtigter Kopfgeldjäger mit blauer Haut und rot glühenden Augen. Er trägt einen Hut mit breiter Krempe, einen braunen Mantel – und eine Menge Waffen. Cad Bane bringt jeden zur Strecke, solange die Belohnung hoch genug ist. Seine Beute verfolgt er oft bis ans Ende der Galaxis.

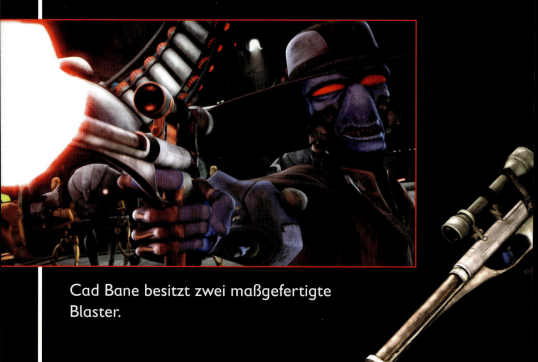

Cad Bane besitzt zwei maßgefertigte Blaster.

Nute Gunray

Nute Gunray ist der Anführer der Handelsföderation. Sie liefert die Droiden für die Separatisten. Nute Gunray ist ein gieriger, feiger Neimoidianer. Er liebt Geld und hat nie genug davon.

Nute nimmt Padmé Amidala auf dem Planeten Rodia gefangen. Sie kann flüchten und Nute wird verhaftet. Fast verrät er den Jedi seine Geheimnisse, doch Ventress befreit ihn.

Hondo Ohnaka

Der Anführer der Weequay-Piraten heißt Hondo Ohnaka. Den gefährlichen Weltraum-Piraten sollte man nicht trauen. Sie ziehen durch die Galaxis, greifen Raumschiffe an und rauben alles Wertvolle.

Manchmal nehmen sie sogar Geiseln, um Lösegeld zu kassieren. Einmal fangen sie Count Dooku, Obi-Wan und Anakin.

Turk Falso

Turk Falso ist Hondos Stellvertreter. Die Piraten haben Anakin, Obi-Wan und Count Dooku gefangen und verlangen Lösegeld. Turk versucht, das Lösegeld zu stehlen.

Piratenpanzer
Die Piraten benutzen umgebaute Gleiterpanzer mit Laserkanonen.

Er erzählt Hondo eine Lüge. Er berichtet ihm, die Republik habe kein Lösegeld geschickt, sondern eine Armee entsandt. Hondo schickt seine Panzer in die Wüste, weil er dort die feindlichen Soldaten erwartet. Doch Turk Falsos Plan fliegt auf und er bezahlt einen schrecklichen Preis.

Hondo entdeckt Turks Verrat.

Grievous' Versteck

Die Anführer der dunklen Mächte misstrauen einander. Count Dooku will heimlich General Grievous prüfen. Er ist wütend, weil Grievous einen Kampf verloren hat und das Raumschiff *Malevolence* zerstört wurde. Dooku versteckt einen Jedi-Peilsender in Grievous' Versteck.

Die Jedi-Ritter Kit Fisto und Nahdar Vebb folgen dem Signal des Senders. General Grievous entdeckt die Eindringlinge und ist entschlossen, sie zu besiegen. Er erledigt einen der Jedi und behält sein Lichtschwert als finstere Trophäe.

Wat Tambor

Wat Tambor ist ein General der Separatisten. Er trägt eine spezielle Atemmaske. Seine Droidenarmee beherrscht den Planeten Ryloth. Der gierige Wat Tambor will die Schätze des Planeten rauben.

TA-175
Dieser Droide hilft, den Krieg mit möglichst wenig Verlusten für die Separatisten zu führen.

Die Armee der Republik trifft ein, um den Planeten zu befreien. Wat Tambors Taktikdroide TA-175 rät ihm zum schnellen Rückzug. Doch Wat Tambor ist zu gierig und will erst noch die Schätze zusammenraffen. TA-175 flieht ohne ihn.

General Loathsom

Der Separatisten-General Loathsom hat blaue Haut und ein langes, spitzes Gesicht. Er führt auf dem Planeten Christophsis die Droidenarmee an. Die Separatisten setzen einen Schutzschild ein, unter dem die Droiden gefahrlos marschieren können. Loathsom glaubt, dass die Droiden die Jedi leicht schlagen können.

Loathsom verlangt, dass sich die Jedi ergeben. Doch Anakin und Ahsoka schleichen sich hinter die feindlichen Linien und schalten den Schildgenerator ab. Loathsoms Armee hat keinen Schutz mehr und die Soldaten der Republik können sie besiegen.

Panzer

Eine Reihe von Panzern der Separatisten am Horizont ist ein Furcht einflößender Anblick. Der Armierte Angriffstank (AAT) schwebt dicht über dem Boden. Er ist mit Laserkanonen und Blasterkanonen ausgerüstet. Die Besatzung besteht aus vier Droiden. Die Panzer folgen Yoda in die Korallenwälder von Rugosa.

Doch sie passen nicht zwischen den Korallenbäumen hindurch. Mit Gewalt müssen sie sich ihren Weg bahnen.

Hutt-Gangster

Ziro der Hutt

Die Hutts sind große, schneckenartige Wesen und habgierige Verbrecherkönige. Jabba der Hutt ist der Kopf der mächtigen Gangsterfamilie. Jabba misstraut fast jedem. Sein Onkel heißt Ziro der Hutt. Er hat Tätowierungen, die im Dunkeln leuchten. Count Dooku entführt Jabbas Sohn und versucht, es aussehen zu lassen, als wären die Jedi schuld. Doch sein Plan misslingt.

Ahsoka bringt Jabbas entführten Sohn zurück.

Die Mächte der Dunkelheit werden immer versuchen, die Galaxis zu beherrschen. Doch die Jedi stehen bereit, um sie aufzuhalten!

Jabba der Hutt

Wie gut kennst du die Bösewichte von *Clone Wars?*

1. Wer ist Darth Sidious?
 A Ein Sith-Lord
 B Ein Weltraum-Pirat

2. Welcher Bösewicht war einst ein Jedi?
 A Hondo Ohnaka
 B Count Dooku

3. Wer kämpft mit zwei Lichtschwertern?
 A Asajj Ventress
 B Cad Bane

4. Welcher Droide ist heimlich ein Spion?
 A R2-D2
 B R3-S6

5. Wie heißen die Leibwächter von General Grievous?
 A MagnaWächter
 B Superkampfdroiden

Antworten: 1. A, 2. B, 3. A, 4. B, 5. A

YODA
IN AKTION

von Heather Scott

Der Jedi-Meister Yoda ist auf dem Weg zum fernen Mond Rugosa. Er trifft sich dort mit König Katuunko von den Toydarianern. Die Republik möchte im toydarianischen Sternensystem eine Basis bauen.

„Königliche Delegation von Toydaria, hier spricht der Gesandte der Republik. Bitte antworten. Toydarianische Delegation, bitte melden", ruft Captain Zak in sein Funkgerät. Doch es kommt keine Antwort.

König Katuunko

Katuunko ist der König der Toydarianer. Diese Aliens können mit ihren kleinen Flügeln in der Luft schweben.

König Katuunko ist auf Rugosa gelandet und hält mit dem Fernglas nach Yoda Ausschau. Doch er sieht nichts.

„Wir erhalten kein Signal von der Republik, Euer Hoheit", sagt einer seiner Wächter.

„Es ist seltsam, dass die Jedi sich verspäten", meint König Katuunko.

„Seid gegrüßt, König Katuunko", sagt eine geheimnisvolle Person in einem Umhang.

„Wer seid Ihr?", will Katuunko wissen.

Die Person hebt ihre Kapuze und enthüllt ein weißes Gesicht mit kalten Augen. Es ist Asajj Ventress – eine gefährliche Attentäterin!

Ventress stellt einen Holoprojektor auf den Boden. Ein Hologramm von Count Dooku erscheint.

Dooku sagt,

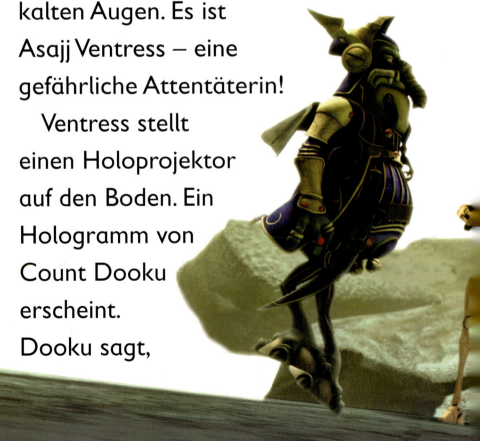

Asajj Ventress
Ventress war früher eine Jedi. Sie wandte sich der dunklen Seite zu, als ihr Meister getötet wurde. Sie kämpft mit zwei roten Lichtschwertern.

dass Katuunko den Separatisten helfen soll. Doch Katuunko ist unentschlossen. Dooku will zeigen, wie mächtig er ist, und befiehlt seiner Armee, Yodas Raumschiff anzugreifen.

Count Dookus Raumschiffe greifen Yodas Schiff an. Es gibt schwere Explosionen. Yoda weiß, dass es zu spät ist, um zu fliehen. Er muss auf Rugosa landen.

„Schnell jetzt. Erreichen die Oberfläche des Mondes wir müssen", sagt Yoda.

„In einer Rettungskapsel, Sir? Der Feind wird auf alles schießen", sagt Captain Zak.

„Dann alle Kapseln wir starten werden, hmm?", schlägt Yoda vor.
Die Rettungskapseln starten und die Feinde schießen auf sie.

Rettungskapsel
Yoda flieht mit Lieutenant Thire und den Klonsoldaten Jek und Rys in einer Rettungskapsel. Sie fliegen zu dem Mond.

„Meister Yodas Macht wird maßlos überschätzt", sagt Dooku.

„Das muss sich erst noch zeigen, Count", antwortet König Katuunko.

„In der Tat. Sobald Ihr Euch für uns entscheidet, wird meine Schülerin mich in Kenntnis setzen", erwidert Dooku.

„Mein Lord, Meister Yodas Schiff hat die Flucht ergriffen. Welchen Beweis für die Schwäche der Jedi braucht ihr denn noch?", fragt Ventress.

Armee der Separatisten
Die Armee der Separatisten besteht aus Zerstörerdroiden (auch Droidekas genannt), Kampfdroiden und Superkampfdroiden.

Da leuchtet König Katuunkos Holoprojektor auf. Yoda begrüßt den König und teilt ihm mit, dass er ihn nun treffen möchte. Ventress unterbricht ihn.

„Erlaubt mir, dass meine besten Truppen ihn zu fassen versuchen. Wenn er entkommt, dann schließt Euch der Republik an. Aber sollten meine Droiden über Yoda siegen, dann geht Ihr ein Bündnis mit den Separatisten ein", sagt Ventress.

„Die Herausforderung ich annehme, Euer Hoheit. Bei Anbruch der Dunkelheit ich komme", verspricht Yoda.

Yoda und König Katuunko wollen sich bei einem fernen Korallenbaum treffen. Ein Schiff der Separatisten landet genau zwischen Yoda und dem Korallenbaum.
„Nur das Nötigste mitnehmen ihr werdet. Zu viel Gewicht euch nur aufhalten wird. Ventress vernichten eure Waffen nicht können", sagt Yoda zu seinen Klonsoldaten.

Alter Mond

Auf Rugosa gibt es uralte Korallen. Der Mond war vor langer Zeit ganz von Meeren bedeckt.

Lieutenant Thire zeigt auf den Korallenbaum. „Sir, dort ist der Treffpunkt."

„Dort auch ist unser Feind. Zu unserem Ziel, den direkten Weg wir nicht gehen werden", sagt Yoda weise.

Yoda führt seine Truppen zu einem dichten Korallenwald.

Die Droidenpanzer sind zu groß, um in den Korallenwald zu fahren. Also marschieren die Droiden zu Fuß weiter.

„Größe nicht alles ist, hmm? Die kleinere Truppe wir sind, dafür größer im Geist", freut sich Yoda.

„Hast du vielleicht verstanden, was der General meint?", fragt Rys.

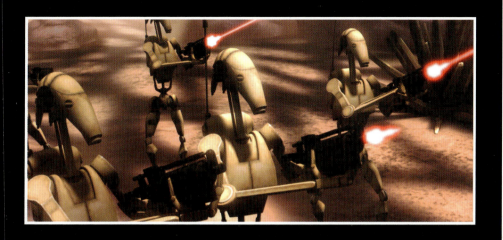

„Keinen Schimmer. Diese Jedi-Meister sind nicht zu verstehen", antwortet Jek.

Thire sagt, dass sie die Droiden von der Seite angreifen könnten. Yoda verschwindet auf die andere Seite. Ein Trupp Kampfdroiden läuft an Jek vorbei, der sich hinter einem Korallenbaum versteckt hat.

Er schießt auf den ersten der Droiden und erwischt ihn voll. Die anderen Droiden schießen auf Jek, der schnell in Deckung geht.

Ein Trupp Kampfdroiden entdeckt Yoda und schießt auf ihn. Doch er springt schnell auf den Korallenbaum und ist verschwunden.

Plötzlich springt Yoda auf die Schultern eines Droiden. Die anderen Droiden zielen und feuern. Doch Yoda springt

schnell hoch und nur der Droide wird getroffen.

Yoda springt von Droide zu Droide, sodass diese sich gegenseitig in Stücke schießen. Als plötzlich Superkampfdroiden

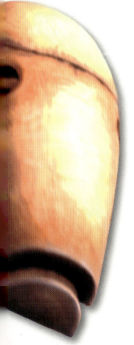

auftauchen, ziehen sich Yoda und die Klone in den Wald zurück.

Die Superkampfdroiden schwärmen in den Wald aus. Einer feuert eine Rakete ab. Sie explodiert und Thire wird am Bein verletzt.

Yoda springt vor die Klone und wehrt die Schüsse der Droiden mit seinem Lichtschwert ab. Manche der Droiden werden von den abgewehrten Schüssen getroffen, doch es kommen immer mehr Droiden nach. Yoda und die Klone sitzen in der Falle. Yoda schließt die Augen und meditiert. Langsam hebt er die Hand.

Ein Droide hebt vom Boden ab und zappelt in der Luft. Yoda dreht den Droiden um, sodass er auf seine eigenen Truppen feuert.

Der Droide versteht nicht, was gerade passiert. „Nicht schießen! Ich bin auf eurer Seite!", ruft er verwirrt, doch die anderen Droiden feuern auf ihn. Yoda wirft ihn auf die anderen Droiden.
Sie sind besiegt!

Yoda und die Klone hören das Geräusch von rollendem Blech.

„Droidekas greifen an!"

Drei Zerstörerdroiden rollen heran, klappen auf und feuern auf Yoda und die Klonsoldaten.

Zerstörerdroiden

Droidekas, auch Zerstörerdroiden genannt, können sich radförmig zusammenrollen. Sie können einen Schutzschild für sich aktivieren.

„Rückzug! Euch decken ich werde!", ruft Yoda. Er springt auf Rys' Rücken und die Klonsoldaten rennen davon. Yoda wehrt einige Schüsse ab. Sie treffen einen Korallenbaum. Dieser fällt um und schneidet den Verfolgern den Weg ab.

„Die republikanische Armee ist angeschlagen. Der Jedi ist auf dem Rückzug", berichtet ein Droidenkommandant an Ventress.

„Gut, verfolgt sie und verliert keine Zeit", antwortet Ventress.

„Der Wettstreit ist noch nicht entschieden", sagt König Katuunko.

Der König spricht mit Yoda über seinen Holoprojektor.

„Meister Yoda! Ich hörte von Euren Schwierigkeiten mit den Droiden", sagt der König.

„Von Schwierigkeiten ich nichts weiß. Auf unser baldiges Treffen ich mich freue", antwortet Yoda.

Ventress ergreift den Holoprojektor und zerquetscht ihn wütend.

„Dieser Jedi wird sich mir nicht mehr lange entziehen", zischt sie.

Yoda führt die Klonsoldaten in eine schmale Schlucht, wo sie sich in einer Höhle ausruhen können. Die Klone sind müde. Sie legen ihre Waffen auf den Boden.

Yoda nimmt zwei beschädigte Gewehre und macht daraus eine Krücke für den verletzten Thire.

„Unsere Niederlage so sicher für euch ist, hmm?", fragt Yoda, als er die beiden Gewehre mit seinem Lichtschwert zusammenschweißt.

„Kommt und setzt euch. Eure Helme, nehmt sie ab. Eure Gesichter zu sehen ich wünsche", sagt Yoda.

Klonarmee
Die Armee der Republik besteht aus Klonsoldaten. Sie sehen alle gleich aus.

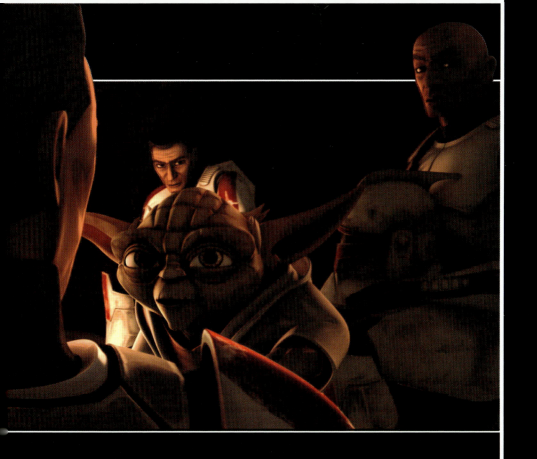

Yoda erzählt den Klonen, dass sie alle verschieden sind, auch wenn ihre Gesichter gleich sind.

„Klone ihr sein mögt, aber die Macht in allen Lebewesen wohnt. Nutzen ihr sie könnt, um den Geist zu besänftigen", rät Yoda.

Drei Panzer rollen in die schmale Schlucht. Auf jedem Panzer fährt ein Trupp Kampfdroiden mit. Zerstörerdroiden begleiten sie.

„Sie begrüßen ich will", sagt Yoda.

„General, Ihr wollt Euch doch nicht die ganze Kolonne allein vornehmen?", fragt Lieutenant Thire.

„Nicht allein. Euch drei ich habe", schmunzelt Yoda. „Unterlegen sie sind. Sehen ihr werdet, wenn Hilfe ich brauche."

Die Droidenpanzer rollen weiter in die Schlucht. Der erste Panzer stoppt, weil etwas im Weg steht. Es ist Yoda!

„Da ist der Jedi! Schneidet ihm den Fluchtweg ab!", befiehlt der Droidenkommandant. „Bereit machen zum Feuern!"

Yoda springt unter den ersten Panzer und weicht so den Schüssen aus. Als sich der Rauch lichtet, sehen ihn die Droiden nicht mehr. Mit seinem Lichtschwert hat er ein Loch in den Boden des Panzers geschnitten. Er klettert hinein.

Aus dem Panzer sind Kampfgeräusche zu hören.

Die Rückseite des Panzers öffnet sich und zwei Droiden springen heraus. Sie wollen davonrennen, doch Yoda hält sie mithilfe der Macht zurück. Ein Droidenkommandant linst verärgert durch die Luke in den Panzer. Plötzlich trifft ihn Yodas Lichtschwert. Dann springt Yoda über die Köpfe der Droiden. Dabei bekommen sie alle sein Lichtschwert zu spüren.

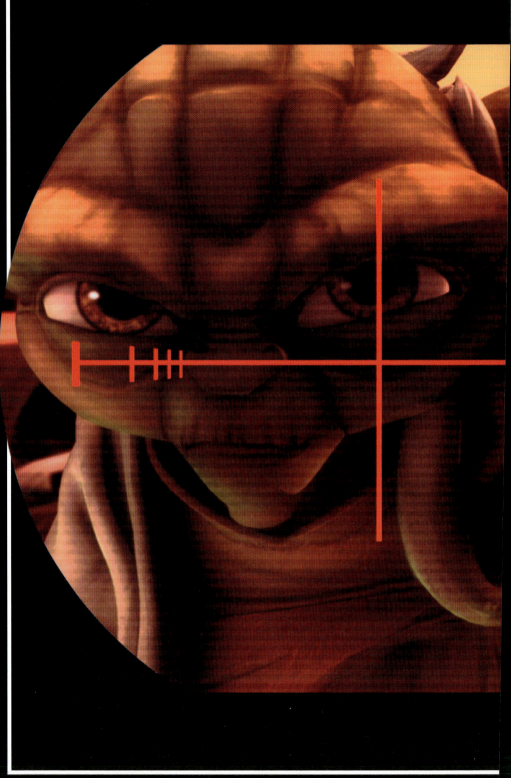

Yoda landet direkt vor dem
Kanonenrohr des zweiten
Panzers. Der Kommandant
sieht ihn.

„Wir haben ihn im
Visier!"

Yoda springt in die
Luft, als der Panzer
feuert. Der Schuss
zerstört den ersten
Panzer.

Yoda klettert auf den
Panzer und schneidet ein
Loch in das Dach. Mithilfe
der Macht zieht er den
Kommandanten heraus und
schleudert ihn weit weg.

König Katuunko schwebt neben dem Korallenbaum. Seine Wächter sind bei ihm. In der Ferne steigt schwarzer Rauch von der Schlacht auf.

„Ganz schön viel Rauch für eine kampflose Niederlage", kichert der König.

Ventress dreht sich weg, um heimlich über ihren Holoprojektor mit dem Droidenkommandanten zu sprechen. „Wo ist Zwo-Zwo-Vier?", fragt sie.

„Zerstört. Der Jedi hat unsere Stellungen überrannt … aaah!" Yoda springt in das Hologramm und zerschneidet den Kampfdroiden. Ventress zischt vor Wut.

„Ich glaube inzwischen, dass alle Geschichten über die Jedi der Wahrheit entsprechen", sagt der König, der über Ventress' Schulter lugt.

„Noch ist der Kampf nicht vorbei, Majestät", antwortet Ventress gefasst. Sie gibt den Befehl, weitere Droiden in die Schlacht zu schicken.

Der letzte Droide wird von Yoda getroffen und klappt zusammen. Die Klone sehen zu, erstaunt über Yodas Sieg.

Jek entdeckt die neuen Zerstörerdroiden, die schnell auf sie zurollen. „Hier gibt's gleich Ärger!"

„Die Klappergestelle haben Verstärkung geschickt", sagt Thire.

„Der General ist mit dem Panzer beschäftigt. Er kann sie nicht kommen sehen."

„Ich habe
eine Idee, wie
wir sie loswerden",
sagt Thire listig.
Yoda taucht unter
dem dritten Panzer hervor, der kurz
darauf hinter ihm zusammenbricht
und explodiert. Die Panzer und die
Kampfdroiden sind besiegt. Yoda blickt
auf und sieht die Droidekas auf sich
zukommen. Sie feuern auf Yoda.

Thire feuert eine Rakete auf eine große Koralle ab, die über den Droiden hängt. Sie bricht ab, stürzt auf die Droiden und zerquetscht sie. Yoda ist gerettet!

Die drei Klone und Yoda stehen zufrieden zwischen Rauchwolken und Droidenschrott.

Yoda streckt seinen Finger aus.

Ein junger Nebray flattert heran und setzt sich darauf.

„Hmm, heute etwas dazugelernt, Lieutenant? Hmm?", fragt Yoda.

„Ich denke, das haben wir alle, General", antwortet Thire.

„Kommt, viel Zeit wir verloren haben. Nicht höflich es ist, zu spät zu sein", sagt Yoda und sie eilen weiter.

„Ihr hattet Recht, Count Dooku. Ein Jedi ist keine einhundert Kampfdroiden wert. Vielmehr eintausend! Es tut mir leid, aber ich stelle mich auf die Seite der Republik", sagt König Katuunko zu Count Dookus Hologramm.

„Ihr solltet nicht zu schnell urteilen, weiser König. Ich verspreche, es würde sich für Euch lohnen", antwortet Dooku.

„Eure Gesandte hatte auch versprochen, dass Yoda einen fairen

Kampf bekommt. Ich handle nicht mit Partnern, die ihr Wort nicht halten."

„Sei es drum. Vielleicht sind die Verhandlungen etwas erfreulicher mit Eurem Nachfolger. Ventress! Töte ihn!", befiehlt Count Dooku.

Ventress erhebt ihre roten Lichtschwerter gegen den König, doch plötzlich erstarrt sie. Sie blickt um sich und entdeckt, dass Yoda sie mithilfe der Macht festhält.

In der Nähe tauchen plötzlich Kampfdroiden auf. Doch die Klone zerlegen sie mit ein paar gezielten Schüssen.

„Jedi-Meister Yoda! Ich bin sehr erfreut, Euch endlich persönlich zu begegnen", sagt der König.

Yoda verneigt sich und sagt: „Eure Freude ich teile, König Katuunko."

Yoda nimmt Ventress ihre Lichtschwerter ab. Sie fliegen aus ihren Händen und landen bei Yoda. Er untersucht sie genau.

„Noch viel zu lernen Ihr habt", sagt Yoda und gibt ihr die Lichtschwerter zurück. „Euch ergeben Ihr solltet."

Ventress begreift, dass sie gegen Yoda keine Chance hat. Sie steckt die Lichtschwerter in ihren Gürtel 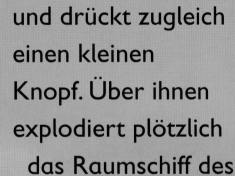 und drückt zugleich einen kleinen Knopf. Über ihnen explodiert plötzlich das Raumschiff des Königs mit einem gewaltigen Knall. Trümmer stürzen herab.

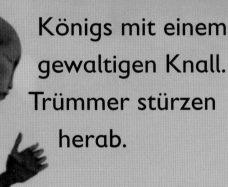

Yoda erhebt eine Hand und hält die Trümmer auf. Ventress nutzt die Gelegenheit, um zu fliehen. Blitzschnell besteigt sie ihr Schiff und rast davon.

„Hmm, am Ende sind Feiglinge die, die der dunklen Seite folgen", sagt Yoda.

„Ich bedaure, nicht persönlich anwesend zu sein, mein alter Meister", sagt Dooku aus dem Holoprojektor.

„Ich bedaure es viel mehr, mein gefallener Schüler", antwortet Yoda.

Dookus Hologramm verschwindet.

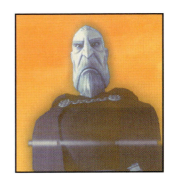

„Vielleicht jetzt die Verhandlungen beginnen können", schlägt Yoda vor.

„Das wird nicht nötig sein, mein Freund. Ihr verdient mein Vertrauen. Toydaria fühlt sich geehrt, eine Basis der Republik aufzunehmen. Mein Volk steht Euch zu Diensten", antwortet der König.

Der König schenkt Yoda ein geschmücktes Schwert als Zeichen der Hochachtung der Toydarianer. Yoda verneigt sich und nimmt das Schwert entgegen. Er bedankt sich bei seinen Klonsoldaten für ihre Hilfe.

Jedi-Kreuzer
Dieses riesige Raumschiff benutzen die Jedi für ihre Missionen – ob für Verhandlungen oder im Kampf.

„Euer Majestät, Euch enttäuschen wir nicht werden", sagt Yoda.

Die Schiffe der Republik tauchen am Himmel auf, darunter auch zwei Jedi-Kreuzer. Eines der Schiffe landet, während die anderen die Gegend nach Separatisten-Schiffen absuchen. Yoda, der König und die Klonsoldaten besteigen das gelandete Schiff. Es hebt ab und fliegt sie zu einem der Jedi-Kreuzer am Himmel.

Glossar

Alien
Ein Außerirdischer.

Armee
Viele Soldaten.

Attentäter
Jemand, der gezielt
Menschen ermordet.

Basis
Station oder
Stützpunkt.

Blaster
Eine Pistole, die mit
reiner Energie schießt.

Coruscant
Der Planet, auf dem
die Hauptstadt der
Galaxis ist.

Delegation
Gesandte eines
Herrschers.

Doppelagent
Ein Spion, der für
beide Seiten spioniert.

Droide
Eine Art Roboter.

Droideka
Ein kämpfender
Droide, der sich
zusammenrollen kann.

Festung
Eine Burg.

Fregatte
Ein kleines
Schlachtschiff.

Galaxis
Sehr viele Sterne
und Planeten bilden
eine Galaxis. Unsere
Milchstraße ist eine
Galaxis.

Geisel
Ein Gefangener,
für den Lösegeld
gefordert wird.

General
Der Anführer einer
Armee.

Handelsföderation
Ein mächtiges
Unternehmen, das in
der ganzen Galaxis
Geschäfte macht.

Hologramm
Ein räumliches Bild.

Holoprojektor
Eine Art Telefon,
bei dem man ein
räumliches Bild des
Sprechers sieht.

Hutt
Hutts sind Aliens, die
wie große, schleimige
Schnecken aussehen.
Der Verbrecherkönig
Jabba der Hutt ist
einer von ihnen.

Ionenkanone
Eine Waffe, die
das gegnerische
Raumschiff lahmlegt.

Jedi-Instinkt
Der Jedi-Instinkt
lässt die Jedi-Ritter
spüren, wenn jemand
in Gefahr ist.

Jedi-Rat
Die Mitglieder
des Jedi-Rats sind
besonders weise und
erfahrene Jedi-Meister.
Sie bestimmen, was
die Jedi-Ritter tun
sollten.

Jedi-Ritter
Jedi-Ritter haben
besondere Kräfte. Sie
kämpfen für das Gute.

Jetpack
Ein Rucksack mit
Raketen, den man auf
dem Rücken tragen
kann.

Kanzler
Der Herrscher der
Republik.

Klonsoldat
Die Klonsoldaten
kämpfen für die
Republik. Sie sehen
sich alle ähnlich.

Kopfgeldjäger
Jemand, der eine Person findet, um eine Belohnung zu kassieren. Kopfgeldjäger arbeiten oft für Verbrecher. Manche sind auf eigene Faust tätig.

Koralle
Ein winziges Lebewesen, das im Meer lebt und große, steinharte Gebilde erzeugt.

Leibwächter
Eine Person, die wichtige Leute beschützt.

Lichtschwert
Eine Waffe mit einer Klinge aus reiner Energie.

Macht
Eine geheimnisvolle Kraft, die alle Lebewesen der Galaxis durchdringt.

Mission
Ein Auftrag.

Nebray
Ein kleines fliegendes Tier, das auf manchen *Star Wars*-Planeten lebt.

Padawan
Ein Jedi-Schüler.

Pirat
Ein Räuber, der mit einem Raumschiff durch die Galaxis zieht.

Republik
Ein Staat, in dem das Volk den Herrscher wählt. Die *Star Wars*-Galaxis ist eine sehr große Republik.

Schildgenerator
Eine Maschine, die einen durchsichtigen Schutzschild erzeugt.

Schlachtschiff
Ein großes Raumschiff mit vielen Waffen.

Senat
Im Senat versammeln sich gewählte Abgeordnete aus der ganzen Republik, um über neue Gesetze abzustimmen.

Senator
Ein Mitglied des Senats.

Senatsgebäude
Das Haus, in dem sich die Senatoren treffen.

Separatisten
Herrscher von Planeten und große Unternehmen, die sich verbündet haben, um sich von der Republik abzuspalten. Sie führen Krieg gegen die Republik.

Sicherheitssystem
Ein Alarm, der verhindern soll, dass Fremde in ein Gebäude eindringen.

Sith-Lord
Ein Anführer der Sith. Die Sith können wie die Jedi-Ritter die Macht nutzen, verwenden sie aber für Böses.

skrupellos
Jemand, der Böses tut, ohne dabei ein schlechtes Gewissen zu haben, handelt skrupellos.

Spion
Ein Spion findet heimlich die Geheimnisse der Feinde heraus.

Trophäe
Ein Andenken an einen Sieg.

Wartungsdroide
Ein Roboter, der sich um Reparaturen kümmert.

189

Register

Ahsoka   28, 32, 33, 34, 36, 38, 40, 42,
43, 47, 48, 50, 51, 52, 52, 54, 56, 57,
58, 59, 61, 62, 63, 64, 66, 72, 74, 78,
79, 82, 83, 85, 86, 88, 89, 90, 92, 93,
94, 95, 96, 122, 123, 137, 140

Alama, Shahan   16, 17

Alien   17, 28, 72, 145

Amidala, Padmé   127

Armierter Angriffstank (AAT)   138

Astromechdroide   54, 118

Attentäterdroide   122

Bane, Cad   8, 10, 11, 12, 15, 16, 20,
24, 25, 26, 28, 30, 31, 32, 33, 34, 36,
124

Bankenclan   99

Blaster   10, 16, 33, 78, 80, 108, 124,
138

Christophsis   136

Coruscant   13

Darth Sidious   26, 100, 101, 103, 104
(siehe auch Palpatine)

Dooku, Count   100, 102, 103, 104,
112, 113, 114, 129, 130, 132, 140,
146, 147, 148, 150, 178, 179, 184,
185

Dorin   48

Droide   20, 41, 54, 60, 76, 77, 81, 85,
104, 122, 123, 126, 134, 136, 138,
151, 154, 155, 156, 157, 158, 159,
162, 168, 169, 172, 173, 174, 176

Droideka   40, 108, 109, 151, 160, 175
(siehe auch Zerstörerdroide)

Droidenarmee   60, 108, 134, 136

dunkle Seite   130, 147, 184

Falso, Turk   130, 131

Fisto, Kit   104, 133

Galaxis   8, 98, 99, 124, 128, 141

Geierdroide   108, 109

Grievous, General   56, 66, 67, 104,
105, 106, 107, 114, 118, 121, 132,
133

Gunray, Nute   58, 59, 60, 61, 62, 63,
66, 126, 127

Handelsföderation   99, 126

Holoprojektor   146, 151, 162, 163,
172, 178, 184, 185

Hutts 140   (siehe auch Jabba, Rotta,
Ziro der Hutt)

Ionenkanone   106, 107

Jabba der Hutt   42, 43, 47, 140, 141

Jedi   27, 28, 44, 45, 48, 60, 64, 68, 79,
85, 95, 103, 105, 127, 133, 136, 137,
141, 146, 147, 150, 162, 163, 167,
173, 178

Jedi-Instinkt   51, 61, 64

Jedi-Kreuzer   187

Jedi-Meister   48, 58, 103, 104, 107,
144, 147, 150, 155, 180, 184

Jedi-Rat   27, 48, 50

Jedi-Ritter   27, 38, 64, 70, 102, 133

Jedi-Schüler   72, 184 (siehe auch Padawan)

Jedi-Tempel   26, 27, 28, 30, 38

Jek   149, 155, 174, 187

Jetpack   110, 111

Kampfdroide   48, 66, 77, 80, 108, 111, 114, 116, 151, 155, 156, 166, 173, 175, 178, 180

Kanonenboot   68, 69, 70, 72, 95

Katuunko, König   144, 145, 146, 147, 150, 151, 152, 162, 172, 173, 178, 179, 180, 182, 185, 186, 187

Kenobi, Obi-Wan   129, 130

Klonarmee   164

Klonpanzer   79

Klonsoldaten   74, 75, 78, 79, 117, 149, 152, 157, 158, 160, 161, 164, 165, 174, 176, 180, 186, 187

Kommandodroide   116

Koon, Plo   48, 50, 66, 107, 110, 111

Kopfgeldjäger   8, 9, 12, 14, 15, 16, 36, 124

Laserkanone   131, 138

Lichtschwert   56, 59, 75, 85, 86, 95, 96, 102, 104, 105, 111, 112, 133, 147, 158, 164, 168, 169, 179, 181, 182

Loathsom, General   136, 137

Macht   40, 51, 102, 104, 165, 169, 171, 179

MagnaWächter   114, 115

Malevolence   52, 53, 106, 107, 132

Nachkt, Gha   120, 121

Nebray   177

Neimoidianer   126

Ohnaka, Hondo   128, 130, 131

Padawan   38 (siehe auch Jedi-Schüler)

Palpatine   100 (siehe auch Darth Sidious)

Panzer   79, 131, 138, 154, 166, 167, 168, 169, 171, 174, 175

Parasitti, Cato   28, 36

Piraten   128, 130, 131

R2-D2   54, 55, 57, 66, 118, 119, 121, 122, 123

R3-S6   54, 57, 118, 122

Raketenkampfdroide   110, 111

Raketenstiefel   11

Rancor   90, 91, 92, 93, 94

Republik   45, 53, 98, 100, 116, 117, 131, 135, 137, 144, 145, 151, 164, 178, 185

Rex, Captain   71, 78, 85, 96

Rishi   116, 117

Robonino   18, 19

Rodia   127

Rotta der Hutt   42, 43, 44, 45, 47, 74, 83, 88, 92, 94, 96

Rugosa   138, 144, 145, 148, 153

Ryloth   133

Rys   149, 154

Schildgenerator   137

Schutzschild   136, 160

Senat   13, 15, 19, 25, 36
Senatswachen   15, 20, 21, 36
Separatisten   45, 53, 98, 99, 100, 102,
    106, 108, 118, 126, 134, 135, 136,
    138, 147, 151, 152, 187
Sing, Aurra   14, 15, 36
Sith   100, 112
Skywalker, Anakin   19, 22, 23, 32,
    33, 38, 40, 41, 42, 43, 44, 45, 47,
    48, 50, 52, 53, 54, 55, 56, 57, 66,
    70, 71, 72, 74, 75, 76, 77, 78, 79,
    80, 81, 82, 83, 85, 86, 88, 92, 93,
    94, 95, 96, 118, 122, 123, 129, 130,
    137
Soldaten   68, 69, 71, 131, 137
Spinnendroide   76
Spione   118, 119
Sriluur   17
STAPs   80
Superkampfdroide   108, 151, 157
TA-175   134, 135
Taktikdroide   135
Tambor, Wat   134, 135
Thire, Lieutenant   149, 153, 155, 157,
    164, 166, 174, 175, 176, 177
Toydaria   185
Toydarianer   144, 145, 186
Unduli, Luminara   58, 59, 60, 61, 62,
    63, 66
Vebb, Nahdar   133
Ventress, Asajj   44, 45, 60, 61, 62, 63,
    66, 85, 86, 89, 92, 93, 94, 95, 96, 112,
    127, 146, 147, 150, 151, 152, 162,
    163, 172, 173, 179, 181, 182, 183
Wächterdroide   22, 23, 25
Wartungsdroide   30
Weequay   17, 128
Y-Flügler   53
Yoda   103, 144, 145, 147, 148, 149,
    150, 151, 152, 153, 154, 155, 156,
    157, 158, 159, 160, 161, 162, 164,
    165, 166, 167, 168, 169, 171, 173,
    174, 175, 179, 180, 181, 182, 183,
    184, 185, 186, 187
Zak, Captain   144, 148
Zerstörerdroide   151, 160, 167, 174
    (siehe auch Droideka)
Ziro der Hutt   24, 25, 36, 140